Inhalt

Verwaltungsgrundsätze-Verfahren -
Konkretisierung der Vorstellung des Fiskus in
Bezug auf internationale Verrechnungspreise

Kernthesen

Beitrag

Fallbeispiele

Weiterführende Literatur

Impressum

Verwaltungsgrundsätze-Verfahren - Konkretisierung der Vorstellung des Fiskus in Bezug auf internationale Verrechnungspreise

M. Westphal

Kernthesen

- International aufgestellte Unternehmen müssen ihre Leistungen untereinander mit Verrechnungspreisen bewerten.
- Der Fiskus befürchtet durch die

Verrechnungspreispolitik der Unternehmen ein Verschieben des Gewinnes in steuerlich bevorzugte Länder.
- Das dieses Jahr vom Bundesministerium für Finanzen veröffentlichte Verwaltungsgrundsätze-Verfahren konkretisiert die Dokumentationspflichten für den ordnungsgemäßen Ansatz der gewählten Verrechnungspreise.
- Das Controlling muss sich um die zeitnahe und aufwändige Dokumentation von Fremdvergleichen für die in Ansatz gebrachten Verrechnungspreise bemühen.

Beitrag

Durch gesetzliche Veränderungen entsteht die Notwendigkeit, eine für den Fiskus eindeutig nachvollziehbare Verrechnungspreisdokumentation zu erstellen. Lieferungen und Leistungen, die Unternehmen innerhalb ihrer international arbeitsteiligen Organisation untereinander erbringen werden mit bestimmten Wertansätzen, so genannten Verrechnungspreisen, in Ansatz gebracht und verrechnet.
Diese Verrechnungspreise bilden im Rahmen der steuerlichen Betriebsprüfung einen Schwerpunkt. (4)

Das Verwaltungsgrundsätze-Verfahren legt die Dokumentationspflichten für die unternehmensinternen Verrechnungspreise nieder

Zwar gelten schon seit dem 30. Juni 2003 Grundlagen zur Gewinnaufzeichnungsverordnung (GAufZ) und zur Dokumentation von Verrechnungspreisen. Aber erst das kürzlich veröffentlichte Verwaltungsgrundsätze-Verfahren (VGV) der Finanzverwaltung konkretisiert die Durchführungsbestimmungen für diese Verordnung. (2)
Zwar ist dieses am 12. April 2005 veröffentlichte VGV für den Steuerpflichtigen ohne Rechtsverbindlichkeit, für den Steuerprüfer aber bindend. Somit besitzt dieses VGV eine hohe Relevanz für alle Unternehmen mit operativen Gesellschaften in Deutschland. (5)
Die Finanzbehörden sind gerade bei internationalen Geschäften besonders kritisch in der Beurteilung der angesetzten Verrechnungspreise der Unternehmensteile untereinander, da das Verschieben von Gewinnen in steuerlich bevorzugte Länder befürchtet wird. (3)
Natürlich versuchen Unternehmen die internen

Preise für Waren und Dienstleistungen so festzulegen, dass die Erträge dort entstehen, wo sie am wenigsten Steuer kosten. Im Rahmen des Doppelbesteuerungsabkommens sind die Gewinne beim Transfer nach Hause dann geschützt. (3)

Im VGV des Bundesministeriums für Finanzen sind die in Deutschland geltenden Dokumentationspflichten für internationale Verrechnungspreise niedergelegt. Somit ist das VGV als Ergänzung zu den seit 2003 geltenden gesetzlichen Vorschriften der Aufzeichnung von Verrechnungspreisen anzusehen. Missachtungen der Regelungen des VGV können zu erheblichen Sanktionen wie z. B. Schätzung oder Zuschlag führen. (2)
Grundlage für steuerlich anerkannte Verrechnungspreise sind Fremdvergleiche ("arms length principle").
Die entsprechenden Dokumentationspflichten werden im Detail festgelegt. So sind vor allem folgende Bestandteile zu dokumentieren:
- Konzernaufbau
- Konzerninterne Transaktionen
- Vertragliche Bedingungen
- Funktionen
- Risiken
- Eingesetzte Wirtschaftsgüter
- Wertschöpfungskette im Konzern

(2)

In Deutschland ist der Unternehmer verantwortlich für die Zusammenstellung der Daten zur Dokumentation der Angemessenheit seiner Verrechnungspreise

International bilden die OECD-Verrechnungspreis-Richtlinien die Basis für die entsprechenden lokalen Steuergesetze. Das Bundesministerium für Finanzen ist in seiner Ausgestaltung der neuen Grundsätze aber in einigen Punkten einen abweichenden Weg gegangen. (5)
Die Steuerpflichtigen sind selbst für die Ermittlung der benötigten Daten im Rahmen der Fremdvergleiche mit anderen Unternehmen verantwortlich. Er muss also darlegen können, dass der Fremdvergleich tatsächlich erfüllt wurde. (5)

Der jeweilige steuerpflichtige Unternehmer hat nachzuweisen, dass im Rahmen der Geschäftsbeziehungen mit nahe stehenden Personen oder Unternehmen ernsthaft die Einhaltung des

Fremdvergleichsgrundsatzes verfolgt wurde. In diesem Zusammenhang sind Fremddaten, Sachverhalts- und Angemessenheitsdokumentation inhaltlich miteinander zu verknüpfen. So ist für den Fiskus dann zu dokumentieren, dass die entsprechenden Gewinnmargen aus internen Geschäften vergleichbar sind mit denen, die in externen Geschäften erzielt würden, um verdeckte Gewinnverschiebungen etc. zu unterbinden. (2)

Ein Missachten der lückenlosen und nachvollziehbaren Dokumentation kann empfindliche Strafen nach sich ziehen

Die Unternehmen müssen die Vorgaben der Finanzverwaltung sehr ernst nehmen und das Controlling rechtzeitig einbinden. Häufig wird noch der Aufwand zur Erstellung der verlangten Dokumentation unterschätzt.
Sobald die Betriebsprüfer auftauchen, muss der Firmenchef seine Verrechnungspreisdokumentation innerhalb von 60 Tagen vorlegen. Sofern das Controlling seine Aufzeichnungen nicht

kontinuierlich vorhält, ist es kaum zu schaffen, diese Frist einzuhalten. Verspätungen werden vom Finanzamt mit mindestens 100 Euro je verspäteten Tag berechnet. Im schlimmsten Falle können bis zu einer Million Euro an Säumnisstrafen entstehen. [(3)](#) Die Bedeutung der sorgfältigen Arbeit des Controllings wird auch daraus ersichtlich, dass das Finanzamt, sofern es die Aufzeichnungen des Unternehmens nicht für ausreichend hält, Gewinnzuschläge schätzen darf und entsprechende Strafen erlassen (fünf bis zehn Prozent des geschätzten Mehrgewinns) kann. [(3)](#)

Methoden zur Darstellung der Angemessenheit der gewählten Verrechnungspreise

Es gibt verschiedene Methoden, mit denen die Angemessenheit der gewählten Verrechungspreise dokumentiert werden kann. Das Unternehmen muss aber dem Fiskus auch die besondere Eignung der gewählten Methode dokumentieren. [(3)](#)

Kostenaufschlagsmethode:

Im Falle der Kostenaufschlagsmethode werden die Verrechnungspreise aus den Kosten des Unternehmens für Herstellung des Produkts bzw. der Leistungserbringung ermittelt, auf die ein handelsüblicher Gewinnaufschlag hinzugerechnet wird. Hierbei ist zu berücksichtigen, dass die genutzten Kalkulationsmethoden denen entsprechen, die der Liefernde oder Leistende auch in seiner Preispolitik gegenüber Dritten heranziehen würde. (2) Sofern das Unternehmen vergleichbare Leistungen nicht an Dritte erbringt, ist darauf zu achten, dass die Kalkulationsmethoden betriebswirtschaftlichen Grundsätzen entsprechen. So können Ist-, Normal-, Soll-, Voll-, Teil- oder Prozesskostenrechnungen genutzt werden. Der entsprechende Gewinnaufschlag ermittelt sich im Rahmen des Fremdvergleichsmaßstabs aus betriebs-/branchenüblichen Gewinnzuschlägen. (2)
Der im Rahmen dieser Methode ggf. notwendige Fremdvergleich wird in folgenden Schritten geleistet:
1. Es müssen unabhängige Unternehmen recherchiert werden, die in derselben Branche tätig sind. Ihre Angaben zu Eigenkapital und Jahresüberschuss müssen für den jeweils betrachteten Zeitraum erhoben werden.
2. Die identifizierten Unternehmen müssen im Hinblick auf jährliche sowie im Durchschnitt erwirtschaftete Eigenkapitalverzinsung hin analysiert werden. Dann muss die Standardabweichung

bestimmt werden.
3. Die Standardabweichung, welche das jeweilige Marktrisiko widerspiegelt, ist Basis für die folgende Clusterung der Unternehmen.
4. Für jedes Cluster wird die Eigenkapitalverzinsung bestimmt und das eigene Unternehmen kann entsprechend einem Cluster und somit einem durchschnittlichen resultierenden Gewinnaufschlag zugeordnet werden. (2)

Preisvergleichsmethode:

Dieses Verfahren gilt als verlässlichstes Verfahren zur Angemessenheitsdokumentation von Verrechnungspreisen unter der Voraussetzung, dass es vergleichbare Transaktionen zwischen unverbundenen und eben verbundenen Unternehmen gibt.Die Preisvergleichsmethode stellt die vereinbarten Verrechnungspreise zwischen unverbundenen Unternehmen den entsprechenden Preisen nahe stehender bzw. verbundener Unternehmen gegenüber. Der für den Fiskus entscheidende Referenzpreis wird durch den internen und externen Preisvergleich ermittelt, also dem Preis, der in der internen Transaktion mit einem verbundenen Unternehmen vereinbart ist, mit dem einer Transaktion des gleichen Gutes mit einem

unabhängigen Unternehmen.
Idealerweise können auch noch Markt- oder Börsenpreise, oder eben branchenübliche Konditionen zwischen unabhängigen Dritten angeführt werden. (1)

Außerdem gibt es die Möglichkeit, zwischen direkten und indirekten Preisvergleichen zu unterscheiden.
Im Falle des direkten Preisvergleichs müssen die Bewertungs- und Einflussfaktoren, wie Marktbedingungen, Qualität, Menge oder Liefer- und Leistungsbedingungen identisch oder sehr ähnlich sein.
Der indirekte Preisvergleich ermöglicht auch die Berücksichtigung ungleichartiger Geschäfte, sofern die abweichenden Faktoren und ihr jeweiliger Einfluss isoliert und somit herausgerechnet werden können.
Im Anschluss werden die Preise der ungleichen Geschäfte angepasst und die Verrechnungspreise entsprechend umgerechnet. (1)

Aufgabe des Controllings ist, die Angemessenheit der in Ansatz gebrachten Verrechnungspreise proaktiv zu dokumentieren. (1)
Die OECD empfiehlt, auf die Preisvergleichsmethode abzustellen. (1)

Die Vorgehensweise bei der Preisvergleichsmethode

gliedert sich in vier Schritte:
1. Wahl zwischen internem und externem Preisvergleich.
Sofern es keine Möglichkeit eines externen Preisvergleichs mit gleichartigen Gütern gibt, muss der zweite Schritt erfolgen.
2. Wahl zwischen indirektem und direktem Preisvergleich.
3. Durchführung der Preisbereinigung.
4. Analyse des Funktions- und Risikoprofils der einzelnen Transaktionen. [1]

Fallbeispiele

Im Falle der Wahl zwischen direktem und indirektem Preisvergleich sind die Lieferbeziehungen des Unternehmens zu identifizieren.
So können z. B. folgende Lieferbeziehungen vorliegen:
- Vertrieb an Endkunden
- Vertrieb an OEM-Kunden
- Vertrieb an Konzerngesellschaften

Die unterschiedlichen Abnahmemengen der Kunden, die differierenden Preise der "Kundensegmente", Skontovereinbarungen, etc. müssen kalkuliert und in einer Auflistung gegenübergestellt werden. Die

jeweiligen Preise müssen um die o. a. Punkte bereinigt werden. Es ergibt sich dann eine Preisspanne.
Für die Verrechnungspreise muss in Abwägung mit dem Risikoprofil der jeweiligen Transaktionen eine nachvollziehbare Höhe gefunden werden, die i. d. R. nicht unter den Preiskonditionen für das OEM-Geschäft liegen dürfte. (1)

Weiterführende Literatur

(1) Dokumentation der Angemessenheit von Verrechnungspreisen in der Praxis Teil II: Preisvergleichsmethode
aus Bilanzbuchhalter und Controller, Heft 09/2005, S. 195

(2) Dokumentation der Angemessenheit von Verrechnungspreisen in der Praxis Teil I: Kostenaufschlagsmethode
aus Bilanzbuchhalter und Controller, Heft 08/2005, S. 169

(3) Gewinne richtig exportieren Bei internationalen Geschäften sind die Finanzbehörden besonders kritisch. Worauf es bei Investitionen im Ausland jetzt ankommt.
aus Impulse vom 01.08.2005, Seite 92

(4) ... ein Advance Pricing Agreement?
aus FINANCE - Der Markt für Unternehmen und

Finanzen Heft 7/8 vom 25.06.2005 Seite 034

(5) Auswirkungen der neuen deutschen Verwaltungsgrundsätze-Verfahren – Die Justiz soll es richten Transfer pricing – die Regeln neu erfunden? aus Finanz und Wirtschaft, Seite 26

Impressum

Verwaltungsgrundsätze-Verfahren - Konkretisierung der Vorstellung des Fiskus in Bezug auf internationale Verrechnungspreise

Bibliografische Information der deutschen Nationalbibliothek

Die Deutsche Nationalbibliothek verzeichnet diese Publikation in der deutschen Nationalbibliografie; detaillierte bibliografische Daten sind im Internet über http://dnb.d-nb.de abrufbar.

ISBN: 978-3-7379-0026-3

© 2015 GBI-Genios Deutsche Wirtschaftsdatenbank GmbH, Freischützstraße 96, 81927 München, www.genios.de

Alle Rechte vorbehalten. Dieses Werk ist einschließlich aller seiner Teile – z.B. Texte, Tabellen und Grafiken - urheberrechtlich geschützt. Jede Verwertung außerhalb der Grenzen des Urheberrechtsgesetzes bedarf der vorherigen Zustimmung des Verlags. Dies gilt insbesondere auch für auszugsweise Nachdrucke, fotomechanische Vervielfältigungen (Fotokopie/Mikroskopie), Übersetzungen, Auswertungen durch Datenbanken oder ähnliche Einrichtungen und die Einspeicherung und Verarbeitung in elektronischen Systemen.